ARISTOCRATIE

ET

DÉMOCRATIE.

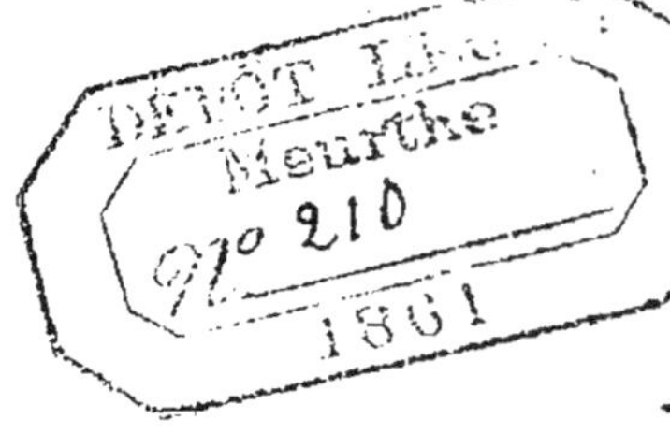

EXTRAIT DE *VARIA*.

NANCY,

VAGNER, IMPRIMEUR-LIBRAIRE-ÉDITEUR,

Rue du Manége, 3.

JUIN 1861.

NANCY. — IMP. DE VAGNER, RUE DU MANÉGE, 3.

ARISTOCRATIE ET DÉMOCRATIE

Nous avons en France la passion des généralités, non de ces généralités transcendantes et vaporeuses, telles qu'on les aime et qu'on les crée en Allemagne, mais de ces généralités sensibles et saisissables, prêtes et promptes à l'application, nullement ennemies des intérêts et des passions, volontiers leurs compagnes, souvent leurs auxiliaires et quelquefois leurs instigatrices. Que ces alliés se comprennent toujours bien, c'est ce que nous ne saurions affirmer ; mais il leur suffit de marcher ensemble pour s'accorder, et se sentant appuyés les uns par les autres, ils sont naturellement portés à se goûter, à s'estimer et à se célébrer.

C'est, dit-on, l'éminent privilége de l'esprit français

de savoir incontinent généraliser les idées qu'il conçoit
en vue d'un résultat pratique. Loin de nous la pensée
de contester la haute valeur de l'opération intellectuelle qui s'appelle généralisation, et nous nous hâtons
de reconnaître, conformément aux leçons de la psyco-
logie, que cet acte est le caractère spécifique de la raison, c'est-à-dire de la faculté qui distingue l'homme de
la brute. Nous remarquerons seulement, que si raisonner c'est généraliser, on ne peut raisonner sans
s'exposer à déraisonner, et qu'on ne peut user des
généralités sans risquer d'en abuser.

Mal user des généralités n'a pas jusqu'à présent
porté grand préjudice aux Allemands. Lançant leur
pensée très-haut dans l'espace, ils ont pu souffler au-
dessus de leurs têtes des nuages épais et obscurs, sans
autre inconvénient que de masquer le soleil et d'assom-
brir l'atmosphère. Le sol terrestre restait ferme et uni,
et l'on continuait à y vivre paisiblement et grassement.
Mais en France, il n'en a pas été de même ; à peine
nées, les généralités y ont voulu agir sur-le-champ et à
fond. Il ne leur plaisait pas de voguer dans les airs ;
elles voulaient aussitôt s'abattre sur terre, se mettre à
l'œuvre, parcourir les salons, les ateliers et les bouti-
ques, pénétrer dans les cabinets des ministres et les
Chambres parlementaires, secouer, agiter, entraîner
tout le monde, transformer les situations, changer les

mœurs, renverser les obstacles et mener les affaires sociales du train effréné dont va la pensée. Avec cette impétuosité on fait des révolutions qui fournissent à l'historien et au peintre de magnifiques sujets de tableaux, mais en revanche on provoque des réactions qui, si elles réjouissent le satyrique, affligent profondément le moraliste.

Les généralités, ainsi que toutes les grandes forces livrées au libre-arbitre humain, ont fait beaucoup de mal et beaucoup de bien, et comme les hommes sont rarement impartiaux ou du moins capables d'embrasser simultanément les faces diverses et opposées d'un même objet, les généralités considérées tour à tour sous leurs bons et leurs mauvais côtés ont été successivement exaltées et proscrites. Les philosophes eux-mêmes, qui en sont les pères et qui les introduisent dans le monde, n'ont pas toujours admiré leurs filles et leurs pupilles. Souvent ils en ont censuré les écarts; quelquefois ils en ont répudié la paternité; il en est même qui sont allés jusqu'à nier leur existence.

Qu'on se rassure : je ne vais pas entrer ici dans la fameuse querelle des *nominalistes* et des *réalistes;* querelle si vieille et pourtant encore si vivace, dont les champions pour ne plus s'appeler *thomistes* et *scotistes* mais *kantistes* et *hégéliens*, n'en secouent pas moins les mêmes questions, et se combattent avec les mêmes

armes qui seulement sont montées autrement et sont
mieux polies et mieux affilées... Bornons-nous à dire
avec le bon sens que les généralités n'ont de valeur
qu'autant qu'elles sont deduites des faits et qu'elles y
correspondent exactement. Par malheur, cette règle,
qu'a promulguée Bacon et à laquelle appartient l'empire de la science, est aussi mal obéie qu'elle est impé-
rieuse. Contre elle se liguent notre impatience, notre
légèreté notre présomption, nos intérêts, nos ruses et
nos passions. Nous voulons déterminer la loi de géné-
ration ou la loi de concordance de certains faits, nous
les examinons attentivement, nous les plaçons ou les
observons dans des combinaisons variées, nous nous
évertuons à concevoir des hypothèses qui satisfassent
aux conditions du problème posé, et nous nous
empressons de soumettre ces conjectures au contrôle
de l'expérience pour en vérifier la solidité. Pour-
suivons ainsi nos recherches et la lumière se fera peu
à peu. Mais dans le cours de ce travail, notre esprit
se détend tout à coup et s'épuise, ou bien la patience nous échappe et nous nous irritons d'avoir à
dépenser tant de labeurs. Nous voulons en finir et cependant ne pas perdre le fruit de nos efforts. Nous
faisons alors une dernière hypothèse que nous prenons
pour démontrée. Nous supposons que nous avons dû
atteindre le terme de nos investigations, et avoir dé-

couvert la loi que nous prétendions déterminer. Nous la posons donc avec assurance, moyennant quelques éléments recueillis çà et là, incomplets et incohérents, auxquels nous donnons une apparence d'organisation, en les exagérant et en les falsifiant. Comme ces éléments sont des idées qui repliées sur elles-mêmes sont séparées des faits qu'elles sont destinées à représenter synthétiquement, nous pouvons en disposer d'une façon toute arbitraire et nous usons largement de cette faculté. Une fois nos idées érigées en lois, il s'agit d'y subordonner les faits, et comme nous sommes convaincus de l'excellence de nos conceptions, si les faits résistent, c'est évidemment leur faute, et il faut punir leur rébellion, soit en les torturant, soit en les jetant de côté ; et cela encore nous est loisible, les faits apparaissant à notre esprit sous la forme de perceptions ou d'images et étant soumis dans notre domaine mental au régime du bon plaisir.

Si la simple curiosité, lorsqu'elle est indiscrète, nous induit à contrefaire la vérité, que sera-ce quand nos intérêts personnels seront en jeu et quand nos passions seront allumées ? Que sera-ce quand, au lieu de pures spéculations sur des objets matériels qui ont une manière d'être invariable, nous traiterons des sujets moraux, des affaires sociales qui obéissent sans doute à des lois fixes, mais qui, dans le cercle que leur trace leur nature même, peuvent former des combinaisons très-variées et subir de surprenantes vicissitudes? L'entreprise de comprendre et de prévoir des faits moraux ouvre un vaste champ aux hypothèses, aux interprétations, aux jeux de la pensée et du désir. Aussi en profitons-nous pour établir sur ce terrain la domination de notre volonté capricieuse et égoïste. Les faits ne pouvant jamais être exactement dénombrés et mesurés, et leurs combinaisons possibles étant en nombre infini, pourvu qu'un arrangement que nous suggèrent nos affections ou nos haines, nos craintes ou nos espérances, ne soit pas sensiblement absurde, nous l'adoptons avec chaleur, nous le soutenons avec opiniâtreté, et aux contradictions qu'on nous oppose, nous répondons par l'imputation de mauvaise foi. La passion qui nous a animés et décidés est précisément ce que nous reprochons à nos adversaires, qui, avec un droit égal, retournent contre nous cette accusation; et il s'ensuit un débat véhément et confus, colérique et ténébreux, où les arguments, poussés dans des voies différentes et détournées, ne sauraient s'atteindre, mais où les injures et les offenses, sûres de leur direction et de leur portée, se croisent et s'entrechoquent. On sort de la lice sans s'être convaincu (on ne songeait à rien moins qu'à cela), mais au contraire enfoncé davantage dans ses préjugés, et content du moins d'avoir porté des coups, d'avoir vexé, contristé, humilié l'adversaire. Je ne veux pas dire que telle soit la conclusion fatale et définitive de tous nos débats sur les sujets moraux et les affaires sociales ; d'heureux incidents et des circonstances favorables se présentent qui apaisent ou domptent les passions, qui font surgir la vérité et en fondent l'empire. Je remarque seulement que ces conclusions salutaires, ces bienfaisants traités de paix, ces accomplissements de révolution dans les pensées et dans les mœurs sont inévitablement précédés de querelles, que suscitent les intéressés, qu'enveniment les passionnés, que fuient les poltrons, et que les sages ne sauraient déserter, lors même qu'ils redouteraient de voir pendant longtemps leurs conseils méconnus et d'être en butte à de mauvais traitements de la part de l'un et de l'autre des partis contendants.

Une des thèses qui ont soulevé le plus de controverses et le plus d'orages, et qui après bien des années de polémique reste une des moins éclaircies, est celle qui a pour sujet l'aristocratie et la démocratie. Ces mots supposent deux systèmes complets d'organisation sociale et politique, qui sans doute sont encore fort mal

1*

définis, puisque chacun d'eux suscite en même temps les apologies les plus enthousiastes et les récriminations les plus amères. Il y a peu d'années, les termes d'aristocrate et de démocrate, ou pour parler le langage commun de l'époque, les termes d'*aristo* et de *démoc* étaient chacun réputés titre d'honneur par les uns et injure par les autres, et sous ces simples dénominations couvaient des haines et des colères qui n'attendaient que la moindre étincelle pour éclater. Je voudrais dire que ces passions violentes sont étouffées, et qu'en les rappelant je me borne à citer un fait historique. Mais cette affirmation serait malheureusement contraire à la réalité; ce serait une illusion de la pusillanimité qui cherche à se persuader que tout danger a disparu afin de pouvoir s'endormir dans une lâche sécurité; ou bien ce serait une basse flatterie adressée à ceux qui ont amené ou qui dominent la situation présente. L'une et l'autre de ces dispositions sont étrangères à l'esprit qui anime *Varia*.

Je le dis à regret : ce ne peut être telle mesure, tel expédient politique qui ait la vertu d'éteindre subitement des ressentiments et des passions profondément enracinées dans le corps social, nées d'événements consommés et de crises successives, dont les conséquences ne peuvent être détruites, pas plus qu'il ne serait possible de réduire à un jour les décades et les siècles qui nous ont faits ce que nous sommes. Un temps très-long a été employé à l'enfantement de l'état social où nous sommes parvenus; un long temps sera nécessaire pour résoudre les difficultés, pour écarter les obstacles et guérir les maux que le passé nous a transmis. Puis, comme c'est la société tout entière qui, soit activement, soit passivement, s'est faite ce qu'elle est, c'est à elle, à elle seule et à tous ses membres qu'appartient la tâche de s'amender, de se réformer, de se procurer les conditions d'harmonie et de bien-être que réclame son existence.

Envisageons donc sans faiblesse et sans prévention, avec un esprit vraiment philosophique, le problème de l'aristocratie et de la démocratie, tel qu'il se pose devant nous avec ses anomalies, ses ambiguités et ses contraditions apparentes, et tâchons de dégager des passions qui l'enveloppent, le tourmentent et l'obscurcissent, les éléments essentiels qui le constituent et qui, tirés de la nature des choses, doivent, s'ils sont bien recueillis, déterminés et controlés, suggérer une solution satisfaisante.

Ne nous dissimulons pas les conflits que ce problème soulève et la contrariété des aspects sous lesquels il est présenté et travesti. Allez dans tel salon et prononcez le mot : démocrate.—Aussitôt les visages de se contracter d'horreur et d'effroi. Un démocrate représente une

sorte de barbare grossier, violent et cupide. Non
moins redoutable que le brigand qui parcourt le dé-
sert, il n'en a pas la fierté, le courage et cette éner-
gie native et indomptée qui s'empreint d'une poésie
sauvage. Il est dégradé, il est bas, trivial et contrefait,
il est rampant et envieux sous le joug, et sitôt qu'il
est déchaîné il se montre féroce et implacable. Privé
de sentiments nobles, délicats et généreux, il n'est bon
qu'à obéir à un maître et à accomplir sous l'aiguillon
de la nécessité les travaux matériels que la vie sociale
exige. Sa naissance en bas lieu le voue à une per-
pétuelle infériorité morale et physique; c'est une espèce d'intermédiaire entre l'homme policé et la brute.
Il n'est possible de l'utiliser et de s'en défendre qu'en éta-
blissant et en maintenant une autorité politique absolue,
qui, s'appuyant aux classes aristocratiques, soit munie
d'un appareil gouvernemental, propre à vaincre toute
résistance. Vainement on invoque le progrès, la liberté,
la fraternité : ceux même qui s'élèvent du sein du
peuple par les artifices du commerce ou la pratique des
arts dit libéraux, gardent toujours le stigmate de leur
origine. On reconnaît aisément le parvenu à son air
gauche et embarrassé, à son attitude tantôt pateline,
tantôt arrogante, à ses prodigalités d'ostentation et à
son avarice secrète, aux platitudes auxquelles il se livre
pour être admis dans la bonne compagnie et aux mé-

chancetés sournoises avec lesquelles il cherche à se
dédommager de ses humiliations. En vain il étale un
luxe surchargé et frelaté ; en vain il se donne des parasites et des flatteurs ; en vain il affiche l'insolence
envers ceux que ses richesses attachent à sa personne ;
en vain il s'efforce de singer le ton, les manières, le
langage des gens de race ; en vain il affecte la familia-
rité avec quelques renégats du grand monde qui lui
font payer les libertés qu'il prend avec eux ; le parvenu
ne peut réussir à se décrasser, à se dégrossir, à se policer. Toujours il restera épais, commun, emprunté ;
toujours il gardera ses goûts mercantiles, ses tendances ravalées et son inaptitude à l'élégance et à la dis-
tinction. L'éducation première l'a marqué d'un sceau
ineffaçable, s'est transfusée dans son sang et a déterminé pour la vie sa complexion et ses facultés. Peut-
être quelqu'un de ses descendants, pris à temps et placé
dès sa naissance dans un milieu favorable, recevra-t-il
cette éducation des hautes classes qui élève l'homme
et lui donne toute sa valeur ? Alors seulement la race
du parvenu se transformera et s'ennoblira, mais des
promotions de ce genre sont lentes, difficiles et par-
tant peu fréquentes. Le malheur du siècle est qu'on a
voulu les improviser et les opérer par masse ; mais on
n'a produit que des sujets informes, des copies du type
créé par Molière sous le nom de bourgeois gentil-

homme. Cette classe qui s'intitule la *haute bourgeoisie*
en faisant irruption dans les rangs élevés n'a pu les oc-
cuper et n'a su que les bouleverser. Jalouse, ambi-
tieuse et intrigante, il ne lui était pas permis d'unir à
ses calculs intéressés, à ses menées tortueuses et à ses
agitations spasmodiques la haute culture de soi-même ;
elle ne pouvait qu'envahir, elle ne pouvait pas posséder une noble situation ; elle a pu renverser un ordre
établi, mais elle n'a pu le remplacer ; et d'ailleurs, sitôt
qu'elle croit prendre une assiette quelconque, elle se
sent ébranlée et menacée par des classes inférieures
d'où elle est sortie, qu'elle a reniées, mais à qui elle a
frayé une carrière et montré un exemple qu'il n'est
plus possible de supprimer. Toutes les plaintes des parvenus contre les envahissements de la démocratie se
retournent contre eux, car ce sont eux qui ont jeté bas
les digues et déchaîné le torrent. Accuser le mal dont
on est l'auteur est la plus sotte des palinodies, c'est
prononcer soi-même sa condamnation. —

Quittez maintenant ce salon dont je viens de résu-
mer en quelques lignes les doléances monotones, qui
s'épanchent d'un jour à l'autre depuis de longues années ; et passant dans un autre quartier allez prendre
place dans cet estaminet enfumé, non loin de cette table où vont quotidiennement s'asseoir des ouvriers
dont la parole haute et animée parviendra tout entière

à vos oreilles. Ces hommes ont un regard vif et intelligent, des manières brusques, une voix rude et saccadée. Tour à tour ils plaisantent et déclament. Sans inspirer de l'aversion, ils ont un air de crànerie et parfois de défi qui ne laisse pas de causer quelque inquiétude. On les pressent ombrageux et prompts à l'agression. Ce n'est pas de la méchanceté, mais de l'irascibilité qui couve en eux et se trahit de temps en temps par certains coups-d'œil et certains gestes. Si vous prennez un air insignifiant, ils ne s'embarrasseront pas de vous, et s'abandonnant entre eux, ils vous auront livré après quelques séances leurs pensées intimes qui peuvent se traduire ainsi qu'il suit :

« Qu'est-ce que tous ces riches, tous ces nobles ? Des fainéants, des gens inutiles qui s'engraissent du fruit de notre travail et se donnent toute sorte de jouissances à nos dépens. Cela n'est pas juste. Si encore on avait pour nous la considération qu'on nous doit, si l'on nous accordait l'estime que méritent ceux qui font vivre la société et se dévouent pour son bien, nous pourrions prendre patience. Mais on nous dédaigne, on nous méprise et l'on croit faire assez pour nous, quand on nous jette un maigre salaire et qu'on nous offre un lit à l'hôpital, au moment où nous succombons à la peine. Ce salaire, qu'est-il ? Ce n'est qu'une petite partie de ce que nous produisons.

Le reste est emporté *gratis* par les patrons et par les propriétaires. Non, cela n'est pas juste. Nous qui faisons tout, nous n'avons rien ou presque rien. Ceux-là qui ne font rien ou presque rien ont tout, belle maison, somptueux mobilier, table friande, riches habits, jardins charmants, plaisirs de toute sorte et sans cesse renouvelés, serviteurs suspendus à leurs moindres caprices. Ce qui les préoccupe n'est pas le moyen de payer mais de goûter des jouissances, de réveiller leur imagination et leurs sens blasés. Leurs appétits ont besoin de surexcitations continuelles ; et de même qu'ils demandent des mets à tous les climats, ils vont chercher des jouets pour leur volupté dans tous les rangs et dans toutes les conditions. Ils ne nous laissent pas même l'amour et l'honneur de nos femmes et de nos filles, de nos sœurs et de nos amantes. Armés non du fer mais de l'or, usant non de violence mais de séduction, ils lèvent sur nous, ainsi que le faisaient autrefois les forbans, le tribut de la beauté, et nous ravissent jusqu'à notre sang et notre âme. Non, cela n'est pas juste. Le peuple a été assez longtemps opprimé, et s'il a subi pendant tant d'années de pareilles injures, c'est que la tyrannie, consommant son œuvre, était parvenue à le démoraliser, à étouffer en lui le sentiment de son humiliation, la conscience de sa force et le désir de se venger. Mais peu à peu il se ranime, il acquiert la connaissance de ses droits et il se confirme dans la résolution de les conquérir. Le moment n'est pas éloigné où, sûr de sa puissance, il l'exercera dans sa plénitude et inaugurera le règne de la démocratie sociale, sous lequel les instruments de travail étant remis aux mains de la communauté pour servir à l'usage de tous, chacun devra acheter sa subsistance par son labeur et sera rétribué suivant l'œuvre accomplie. »

Je suppose que vous aurez eu de la patience et du sang-froid, et qu'avide de connaître les pensées qui remuent dans les rangs inférieurs les âmes les plus ardentes, vous aurez surmonté votre répulsion et peut-être votre épouvante, pour jouer jusqu'au bout votre rôle d'expérimentateur et parachever votre enquête. Au premier moment vous vous serez dit : ce sont là de ces barbares, de ces bandits qui se cachent dans les bas-fonds de notre société, comme les monstres marins dans le sein de l'Océan. Confiant toutefois dans les indices que vous offrent les physionomies et n'ayant remarqué rien de pervers ni d'odieux dans celles que vous aviez observées, vous avez voulu poursuivre vos informations et savoir quels étaient les mœurs et le caractère de ces farouches socialistes. On répondit à vos questions que les ouvriers dont il s'agit n'étaient ni méchants, ni débauchés, ni fripons, mais qu'ils étaient orgueilleux, indisciplinés et irritables, qu'habiles dans leur métier et raisonnant bien des choses de leur état, ils avaient malheureusement fait quelques lectures qui leur avaient échauffé le sang et brouillé la cervelle, qu'en somme c'étaient d'assez bons cœurs mais de fort mauvaises têtes.

Vous rappelant d'autre part les personnages que vous aviez entendus discourir dans le noble salon dont les paroles avaient choqué votre raison et blessé votre conscience, vous vous demandez quelle est la moralité de ces hautains aristocrates, et repassant dans votre esprit la vie qu'ils mènent, vous y trouvez beaucoup de frivolité, de morgue et d'inanité, mais aussi une rare urbanité, de la délicatesse dans les goûts et dans les sentiments, et une vive charité à côté d'une singulière sécheresse. En somme ces aristocrates sans être des hommes d'une haute vertu sont d'honnêtes gens, et s'ils se méprennent sur leurs devoirs sociaux, ils ne les violent pas sciemment.

Chose étrange ! Voilà d'un côté des aristocrates et de l'autre des démocrates, dont la moralité est au moins fort passable et qui cependant se détestent, semblent inconciliables et professent des maximes qui s'entrechoquent comme des armes dans un combat. Auraient-ils les uns ou les autres ou bien tous ensemble perdu la raison et le sentiment du juste ? Mais sur nombre de points ils s'expriment avec rectitude et se conduisent avec droiture. Comment expliquer ces aberrations des uns et des autres qui les amènent à des conclusions absurdes, iniques et anti-sociales ?

Nous avons considéré des hommes extrêmes, des ultras de l'ancien régime et des radicaux socialistes; mais sans aller jusqu'à ces pôles où la lumière expire et en restant dans les régions tempérées, nous trouverions de nouveau des contradictions qui sans être aussi tranchées nous paraîtraient encore insolubles. En dehors de l'extrême gauche et de l'extrême droite, des territoires de M. Louis Blanc et de M. Louis Veuillot, dans les parages du centre gauche et du centre droit, nous surprendrions des antagonismes, qui bien que modérés et atténués, n'en repousseraient pas moins les tentatives qui auraient pour but un entier accommodement. Il y aurait des concessions réciproques que l'on ne se résoudrait pas à faire. Il y aurait des résistances que l'on se croirait engagé à maintenir par principe et par conscience. Pourtant il s'agit ici d'hommes très-sages, très-modérés, très-clairvoyants, qui ont de part et d'autre une multitude d'idées communes, qui sont disposés et réussissent habituellement à vivre en bonne intelligence les uns avec les autres. Pourquoi donc ne sauraient-ils aboutir à un accord parfait et aplanir le petit nombre de différends qui subsistent entre eux ?

C'est que pour découvrir dans l'ordre moral la vérité pure, il faut unir la conscience la plus intacte à l'esprit le plus étendu. Il faut non seulement tout voir, mais être résolu à ne rien altérer dans les faits qui doivent servir de base à une théorie. Pour peu que l'on fasse quelque omission ou qu'on se laisse prévenir par quelque intérêt particulier, les représentations mentales que l'on se donnera de la réalité externe, passée, actuelle ou possible, perdront quelques-unes des conditions dont l'intégralité est indispensable à la constatation de la vérité. Or où trouver un esprit complet et une conscience parfaitement irréprochable? Non seulement la nature n'a pas doté le commun des hommes de pareils attributs, mais en examinant même les meilleurs d'entre nous, ne trouvons-nous pas chez tous et jusque chez les plus éminents quelque lacune dans l'intelligence et quelque défaut dans le caractère? Aussi, nous est-il commandé par le bon sens et par l'équité d'user de tolérance les uns envers les autres dans les discussions sociales et politiques, pourvu, bien entendu, que les principes élémentaires de la morale soient respectés, et qu'usant de réciprocité envers nous, nos adversaires nous fassent jouir du *fair play* que nous leur accordons.

Réduits que nous sommes avec la meilleure volonté possible à n'obtenir et à n'offrir que des approximations de la vérité dans le calcul différentiel des choses sociales, c'est un devoir pour nous de vérifier et de corriger sans cesse nos solutions pour les rendre de plus en plus adéquates aux données des problèmes qui restent constamment posés devant nous. Ainsi dans les conflits qui s'élèvent entre les principes opposés de l'aristocratie et de la démocratie, nous devons nous attacher à éliminer tous les éléments introduits par des préjugés erronés et d'aveugles passions, et à rétablir tous ceux que l'égoïsme et l'ignorance ont abusivement écartés. Il semble qu'on puisse *à priori* affirmer que le problème est résoluble ; car quels que soient les mauvais penchants des hommes, une loi de justice plane sur eux, et nul ne saurait en méconnaître systématiquement l'existence et le caractère impératif. D'ailleurs, à ne considérer que ses intérêts particuliers, chacun n'est-il pas amené à désirer l'établissement de règles fixes, qui déterminent ses relations avec ses semblables, et sans lesquelles aucune possession ni aucune jouissance ne sont assurées ?

Observons, en passant, que ces contradictions étranges qui font parfois douter si leurs auteurs appartiennent à la même espèce d'êtres, loin de s'exclure, s'appellent et s'engendrent réciproquement, par une application de la loi d'égalité entre l'action et la réaction. Les théories sociales sont presque toutes dictées par le sentiment, et se déduisent de certains événements et de certaines situations. Or il est d'expérience que tout excès amène tôt ou tard un excès contraire. Les terreurs rouges sont suivies de terreurs blanches, et les maximes d'un boyard russe ou d'un planteur des Carolines provoquent naturellement celles d'un Babœuf ou d'un Proudhon. Ce qui doit nous inspirer de la confiance, à nous Français, c'est que n'ayant parmi nous ni boyards, ni négriers, nous ne pouvons non plus avoir des serfs ou des esclaves couvant sous les fers ou sous le knout de féroces pensées de vengeance. Considérons la révolution de Février : à quoi dut-elle son innocence? Évidemment à la douceur extrême du gouvernement qui venait de tomber. Mais, dira-t-on, pourquoi cette chute, et pourquoi les théories excessives qui éclatèrent tout-à-coup? Il y a dans ce monde, répondrons-nous, des effets sans cause, du moins sans cause apparente, sans cause qui nous paraisse suffisante, des effets dus à des accidents tout-à-fait disproportionnés avec les faits qui les ont amenés. Puis il arrive parfois que les hommes s'enivrent avec de simples idées, et que leur imagination surmenant leurs besoins leur suggère des désirs et des desseins qui, pour être fictifs, n'en ont pas moins pour un temps une très-grande force. Quelle n'est pas l'importance, l'autorité même des fictions dans la vie des hommes?... Mais revenons au problème que nous nous sommes posé.

Il y a dans tous les hommes un fonds commun d'attributs, par lequel ils appartiennent à une même espèce et par lequel ils communiquent, commercent et se complètent entre eux. Ce fonds commun, pris dans une certaine mesure, est identique dans toute l'espèce et établit une égalité de nature entre tous ceux qui y parviennent. Mais si l'on considère ce fonds commun dans les développements qu'il reçoit chez les divers individus, on observera de très-grandes différences, en d'autres termes de très-grandes inégalités. Ainsi il y a chez les hommes égalité et inégalité, suivant qu'on les envisage au point de vue de l'espèce ou au point de vue des individus, et ils présentent deux éléments qui paraissent incompatibles, mais qui cependant se concilient quand on embrasse par l'esprit les deux faces du sujet proposé. Une semblable complexité existe, d'une manière beaucoup plus tranchée dans l'ensemble du règne animal, dont tous les ordres se déduisent, ainsi que l'a démontré Geoffroy Saint-Hilaire, d'un même plan d'organisation, lequel contient en germe tous les attributs de l'animalité, qui, réduits à l'état rudimentaire dans les derniers rangs de la hiérarchie, vont en se développant successivement de degrés en degrés pour former au sommet de l'échelle les types les plus accomplis.

Les différences et inégalités qui se manifestent dans le genre humain sont de deux sortes, naturelles et artificielles. Chacun de nous ne mesure-t-il pas dans des proportions très-diverses l'estime qu'il accorde à ses semblables? N'établissons-nous pas chacun dans notre pensée une hiérarchie sur les degrés très-nombreux de laquelle nous distribuons les divers individus que nous connaissons? Quelle distance ne mettons-nous pas entre celui qui nous paraît doué du plus beau génie et de la plus haute vertu, et celui en qui nous voyons notre commune nature le plus dégradée et le plus corrompue? En rapprochant les individus semblables et en comparant les groupes entre eux, nous en viendrions à composer une série d'espèces, lesquelles comparées à leur tour formeraient des genres, des tribus, des classes et des ordres analogues aux divisions de la zoologie et de la botanique. La classification des êtres appartenant aux règnes animal et végétal se fait rationnellement suivant le développement plus ou moins avancé des organes impliqués dans le plan primitif et commun d'organisation; la même règle est applicable aux individus compris dans le règne anthropologique. Les attributs essentiels de ce règne étant les facultés de l'âme, ce serait ces éléments extrêmement diversifiés dans leur commune nature qui fourniraient suivant le degré de leur développement les caractères distinctifs des espèces, des genres, des tribus, des ordres à définir. Ce travail très-vaste, très-délicat et très-compliqué attend son Linnée, son de Jussieu, son Cuvier ; il est à espérer que son importance sociale autant que scientifique suscitera quelque noble et studieuse ambition.

Dans le cours de la vie ordinaire il n'est pas un de nous qui n'affirme, par les jugements incessants qu'il porte sur ses semblables, l'existence de différences considérables et radicales et d'une hiérarchie très-marquée parmi les personnes qui l'entourent ; la négation de l'inégalité ne surgit, en contradiction avec l'usage et le sens commun, que lorsque l'orgueil, la vanité ou l'envie voulant faire irruption rencontrent la vérité qui met obstacle à leur essor. Comme les passions, si animées qu'elles soient, ne sauraient démentir l'évidence, il s'agit de l'altérer et de la masquer ; opération peu embarrassante, les sophismes accourant aussitôt à la voix de l'intérêt qui leur fait appel. Voici les arguments qui sont alors mis en avant : Dieu a dû faire les hommes égaux ; sa justice le veut ainsi, et ce n'est que par un mauvais usage de leur liberté que ceux-ci ont détruit l'égalité et troublé l'ordre primitif qu'avait établi le Créateur. Le pouvoir de l'éducation est immense ; ce sont les leçons adressées à l'enfant qui forment son intelligence et lui inculquent les idées dont il usera plus tard, et ce sont les influences extérieures, les soins, les excitations et les impulsions favorables ou contraires, qui disposent des volontés dès le bas âge, et engendrent ces habitudes nobles ou basses, régulières ou désordonnées qui constituent le caractère personnel. Que l'on place tous les hommes dans le même milieu, qu'on les entoure des mêmes circonstances, et qu'on les soumette à la même discipline, leur égalité native persistera, les mêmes facultés et les mêmes inclinations se manifesteront en eux, et si toutes les précautions ont été prises pour assurer leur développement normal, on peut être certain qu'ils se montreront tous intelligents et vertueux, et l'on verra enfin cesser ces violents contrastes entre le bien et le mal, le génie et la stupidité, la misère et l'opulence, le faste et l'humiliation qui ont si longtemps désolé et qui affligent encore nos sociétés.

Ainsi raisonnent les radicaux de la démocratie, et chose singulière et remarquable, leurs prémisses sont les mêmes que celles qu'emploient les théoriciens du despotisme pour démontrer leur doctrine. Les hommes, disent-ils, ne valent que par l'éducation qu'ils reçoivent, par la discipline à laquelle ils sont soumis. Livrés uniquement à leur spontanéité, ils tomberaient dans l'impuissance et la misère ou dans de pernicieux excès. Les hommes sont nés incapables, et quand ils veulent agir par le seul fait de leur liberté individuelle, ils deviennent bientôt cupides, querelleurs, malveillants, perfides et finalement très-malheureux. Pour qu'ils vivent en paix et jouissent de la portion de bonheur compatible avec la condition de notre espèce, il est nécessaire qu'ils soient sans cesse contenus par un frein et maîtrisés par une autorité supérieure.

Si d'un côté la conclusion est bienveillante et si de l'autre elle est rigoureuse, de part et d'autre le point de départ est le même. D'ailleurs les deux conclusions n'ont pas seulement ce caractère commun, elles se ressemblent encore sur ce point, qu'elles ont été posées *à priori* dans l'esprit de leurs auteurs. Les deux conclusions n'ont pas été déduites de leurs prémisses, mais celles-ci ont été fabriquées après coup, dans l'intention de leur faire jouer un rôle fictif de patronnes, tandis qu'elles ne devaient être en réalité que des servantes passives et contraintes. Ici on voulait à tout prix justifier un communisme plus ou moins absolu, et là un despotisme réduisant à un degré quelconque de servitude une portion plus ou moins grande de la société.

Montrer sous le sophisme la passion qui le meut et dénoncer le caractère frauduleux de ses manœuvres, c'est le déconcerter, en ruiner le crédit ; cela fait, on peut se dispenser d'une réfutation méthodique. Bornons-nous donc à inviter nos semblables à s'observer attentivement les uns les autres et à réfléchir mûrement sur les causes des différences palpables et tranchées qui ressortent de leur langage, de leurs mœurs et de leur conduite. Ils reconnaîtront certainement que ces différences sont dues, non sans doute uniquement mais essentiellement, à la diversité qui existe dans la constitution originelle et indestructible des individus. L'éducation a une action incontestable sur le développement des facultés natives, mais elle ne les crée nullement, elle ne saurait, quoi qu'elle fasse, en agrandir ni en diminuer la puissance virtuelle, la mesure propre et innée; tout ce qu'il lui est donné de faire, c'est de seconder ou d'entraver l'expansion de forces qui essentiellement inégales conserveront malgré tout leur inégalité. Voyez ces deux frères : sortis du même sein, couvés par la même tendresse maternelle, confiés aux mêmes instituteurs, fréquentant les mêmes sociétés, soumis sur tout point aux mêmes influences, ils diffèrent cependant d'une manière étrange. L'un est intelligent, instruit, aimable, délicat, loyal; l'autre est borné, ignorant, grossier, brutal et malhonnête. Portez ensuite vos regards aux deux extrémités de l'échelle sociale. Vous verrez d'une part un homme qui dès sa naissance a été comblé des faveurs de la fortune; ses parents unissaient à un esprit élevé un noble caractère; riches et honorés, ils n'ont rien épargné pour que l'éducation de leur enfant fût parfaite ; eux-mêmes en ont été les premiers maîtres et lui ont prodigué les soins les plus éclairés et les plus affectueux ; adolescent, ils l'ont introduit dans la société la plus choisie où il a entendu le langage le plus exquis et a reçu les exemples les plus édifiants. Et pourtant il est devenu vicieux, il n'a goûté que la débauche et n'a conçu que des idées basses. Ailleurs, au contraire, un individu né dans une humble condition a été dans son bas âge négligé ou molesté par des parents maussades et rudes ; il n'a entendu que des paroles âcres, envieuses et impudentes, et pendant ses premières années il a été constamment en butte à des suggestions mauvaises ; mais son naturel réagissait, et la force de ses bons instincts réussit à le préserver. Entré dans une école puis dans un atelier, il sut bientôt captiver la bienveillance et l'affection de ses maîtres. Apre au travail, il révéla de rares aptitudes qui, cherchant leur emploi, le rencontrèrent heureusement, et se déployant de plus en plus, se traduisirent en services éminents que vinrent récompenser les richesses, les honneurs et l'estime publique.

Adoucissez le contraste, et vous trouverez de nombreuses reproductions de ces types extrêmes. La nature est donc supérieure à l'éducation, mais pour ne pas fausser cette thèse, il faut la présenter sous son double

aspect et montrer à côté de la puissance des facultés
subjectives l'action objective qu'elles subissent dans le
milieu où elles se développent. Il y a tout lieu de
croire que la même somme de facultés natives, la
même quantité de tendances diverses existe chez deux
peuples quelconques de races identiques ou égales,
chez les Français par exemple et les Circassiens ou les
Persans. Et cependant quelles différences dans les
idées, les coutumes et la moralité ! Notre civilisation
contient encore plus de promesses qu'elle ne possède
d'acquisitions, et cependant nous pouvons, sans crainte
aucune d'être taxés d'outrecuidance, nous flatter d'une
haute supériorité sur les habitants du Caucase ou du
Farsistan. Notre chasteté, notre probité, notre zèle
pour le travail, le respect que nous professons pour
autrui et pour nous-même, notre industrie, notre
science et nos talents sans être arrivés au point de
perfection, et tout en nous laissant de grands regrets à
concevoir et une marge de progrès très-étendue à
remplir, ne nous placent pas moins à un degré beaucoup plus élevé dans la hiérarchie des êtres moraux.
Or, à quoi devons-nous cette promotion, si ce n'est à
des efforts énergiques et persévérants, tendant à combattre les instincts bas et dangereux de notre nature
et à développer et fortifier en nous des hautes facultés qui ont pour but le vrai, le beau, le bien? Tàchons

d'apercevoir dans le lointain des temps les faits et gestes de nos aïeux du Xe siècle. Les documents qui nous
les retracent sont rares et obscurs; cependant un peu
d'étude nous fera bientôt reconnaitre des mœurs et des
usages semblables sur beaucoup de points à ceux des
bandes fières et vaillantes mais grossières et cruelles
des montagnes du Caucase.

Sans aller si loin, jetons les regards autour de nous,
observons les riches et les pauvres, examinons-les et
jugeons-les comparativement non comme le font les
aristocrates et les démocrates aveugles et passionnés,
mais de sang-froid, avec notre raison et notre équité,
en véritables philosophes. N'y a-t-il pas en général
chez les riches plus d'instruction, plus de lumières,
de sagesse, de douceur, de régularité, de délicatesse
et de dignité que chez les pauvres ? Je me garderai
bien de dire que les riches considérés en masse
valent mieux essentiellement que les pauvres pris
collectivement. Une telle affirmation contredirait di-
rctement ma pensée ; je suis au contraire persuadé
que les riches et les pauvres possèdent à nombre égal
la même somme de qualités virtuelles, et c'est précisément cette identité de nature qui nous fait voir ce
qui est dû à l'éducation et aux divers agents de civilisation dont certaines classes sont munies plus abon-
damment que certaines autres.

Ce n'est pas, certes, la richesse ni la naissance qui sont par elles-mêmes des titres réels de supériorité. Ce ne sont que des moyens qui négligés ou faussés s'anéantissent promptement, mais qui savamment et activement employés conduisent à des fins dont la bonté ne peut être méconnue que par des esprits stupides ou insensés. Il est clair que le rang et la richesse ne seraient pour un homme d'une sottise et d'une perversité incorrigibles que des encouragements à ses inclinations mauvaises. Il est également vrai que l'excès des faveurs de la fortune peut causer à quelques-uns un enivrement fatal à la raison et à la moralité ; et on peut encore ajouter que la prospérité a souvent exercé son influence corruptrice sur des classes entières, abusées par l'amour-propre au point de s'imaginer que les avantages extérieurs dont elles étaient dotées constituaient pour elles un mérite personnel, inné, inaliénable et incommunicable, tandis que les autres classes seraient prédestinées à un rôle subalterne et servile, à des sacrifices perpétuels et sans réciprocité. Mais lors même que les classes supérieures ou les aristocraties auraient été plus souvent et plus profondément perverties que l'expérience et l'histoire ne nous le montrent, il n'en serait pas moins certain que les priviléges sociaux qu'elles possèdent sont les instruments et les moteurs de la civilisation. Ces priviléges, tout le monde les convoite et cherche à les obtenir, et il serait trop triste de penser que l'objet de l'ambition universelle, que l'appât et le stimulant de la plupart des travaux de l'espèce humaine ne fussent que des sources de corruption et des aliments pour le vice.

Les hommes ont à satisfaire leur corps et à régler leur âme. Pour que cette seconde tâche puisse être bien exécutée, il faut que la première ait été entièrement remplie. Nous ne saurions vaquer aux soins de la pensée que dans le calme des appétits et des sensations physiques. Tant que cet heureux état n'est pas obtenu, nous sommes inquiétés, sollicités, tourmentés, nous ne pouvons goûter un instant de repos, et disposer librement de notre attention et de notre activité. Toute notre personne est mise en réquisition par notre corps, et il faut que notre âme comme nos organes s'emploient exclusivement à découvrir, à extraire, à façonner les matières propres à apaiser notre faim et notre soif, à nous garantir des intempéries, à nous défendre des agressions. Pour alléger le poids de cette nécessité, il ne s'offre à nous qu'un moyen, c'est d'appliquer à notre service des agents naturels, qui maîtrisés et dirigés par une habile industrie accomplissent pour nous une partie des travaux qui nous sont commandés. Les agents naturels ainsi appropriés et disciplinés sont appelés capitaux par les économistes, et l'on a dit avec raison que l'une des mesures les plus certaines avec lesquelles on peut évaluer la civilisation d'une société est la quantité de son capital industriel.

Il est une autre condition nécessaire à une production expéditive et abondante, c'est la division du travail. Tout le monde sait que le perfectionnement et l'accélération de tout travail technique croissent à mesure que son objet se concentre et se simplifie. Un individu qui voudrait pourvoir par lui-même à tous ses besoins n'y réussirait que très-imparfaitement, en y consumant tout son temps et toutes ses forces. Qu'il se rapproche de ses semblables, qu'il se concerte avec eux, et que chacun se charge d'une sorte spéciale d'ouvrages, tous obtiendront moyennant des échanges beaucoup au-delà de ce qu'aurait pu leur procurer un travail individuel éparpillé sur une multitude de tâches particulières, successivement embrassées.

Grâce au double progrès réalisé par la formation des capitaux et la spécialisation des travaux individuels, les hommes ont pu non seulement satisfaire à leurs besoins physiques d'une manière beaucoup plus sûre et plus ample, ils sont encore parvenus à s'affranchir en partie de la servitude que le corps leur inflige. Ils ont conquis des loisirs qu'ils ont employés à travailler pour leur âme, à l'examiner, à en étudier les tendances, à distinguer les bonnes des mauvaises, et à rechercher les moyens de développer les unes et de comprimer les autres. Les hommes sont ainsi faits qu'ils aiment tous les modes d'action qui ont pour effet de donner de l'étendue et de l'essor à leur être. Ils goûtent le bien comme le mal, et quand ils donnent la préférence au second sur le premier, c'est simplement parce que certaines circonstances ont dirigé dans cette voie leur inclination. Il est entendu ici qu'il s'agit des hommes considérés en général. Qu'au contraire ils soient disposés à faire le bien par le milieu qui les entoure, ils se porteront dans cette voie avec un vrai plaisir. Etant aptes au bien comme au mal, ils jouissent de l'un comme de l'autre, parce que le plaisir consiste pour eux dans l'exercice de leurs facultés et dans la réalisation de leurs tendances.

Toutefois il y a une double raison pour que le bien l'emporte sur le mal dans les préférences humaines. Quoique les hommes perçoivent des jouissances dans la satisfaction de tous leurs désirs bas ou élevés, bons ou mauvais, et que peut-être il y ait la même quantité de plaisir d'un côté que de l'autre, la qualité cependant est loin d'être la même, et les hommes doués d'une organisation moyenne, qui auront tour à tour éprouvé des émotions spirituelles et animales et goûté les joies de la vertu et du vice, seront naturellement portés à préférer les sentiments purs, nobles, décents,

gracieux, constants et généreux à des sensations brusques, âpres, grossières, confuses, infimes et éphémè-
res. Ceci n'est pas une allégation postiche et fabriquée
dans l'intérèt d'une morale pédantesque. C'est un de
ces faits d'observation et d'expérience du genre de
ceux que constate la physiologie. Le bien est supérieur
au mal non seulement parce que notre conscience le
déclare tel, mais encore parce qu'il est plus agréable,
plus attirant et nous cause des plaisirs d'un goût plus
exquis.

On peut affirmer en général que les hommes préfè-
rent le bien au mal; s'il n'en était pas ainsi, comment
expliquer le progrès moral et intellectuel, lequel sans
doute n'a pas été continu, comme on le prétend quelquefois, mais a été du moins considérable, malgré de
fâcheuses vicissitudes, des défaillances partielles, des
déviations temporaires et de fréquentes réactions?
D'ailleurs l'amour du bien pour lui-même trouve un
puissant auxiliaire dans l'intérêt bien entendu. Nos instincts égoïstes ont un essor illimité; leur avidité croit
avec leur succès, et ils ne reconnaissent de bornes que
la contrainte extérieure. Se précipitant dans l'espace,
bientôt ils rencontrent devant eux des forces rivales et
antagonistes. De là des chocs, des luttes, des violences, qui se résolvent en victoires mais aussi en défaites
et pour les deux partis en blessures et en dommages.

Puis, si la victoire exalte et réjouit celui qui la remporte, elle laisse aussi chez celui qui en est victime des ressentiments, des haines et des désirs de vengeance, qui l'ulcèrent, mais qui menacent en même temps le triomphateur et lui présagent de redoutables assauts et souvent de cruels retours de fortune. Quand l'expérience eut montré qu'il n'est pas de victoire constante et qui procure cette sécurité sans laquelle il n'est pas de bonheur réel, les hommes songèrent à s'accorder entre eux au lieu de se combattre sans fin; ils cherchèrent à instituer parmi eux un ordre commun qui, garantissant à chacun la part qui lui revenait, prévînt ou réprimât toute usurpation et assurât à tout le monde de paisibles jouissances. Mais cet ordre social, les intérêts privés ne pouvaient pas l'engendrer par eux-mêmes, le composer avec les notions qui leur sont propres; ils durent aller l'emprunter à un autre ordre de mobiles, à une autre source de connaissances, et demander aux sentiments spirituels, aux facultés morales les types de conduite auxquels ils devaient se conformer. Ainsi l'intérêt personnel fut amené à rechercher le bien moral pour s'en appliquer à lui-même les prescriptions, et il le cultiva sans l'aimer, mais comme s'il l'aimait en effet.

Disons donc hardiment que l'homme est naturellement porté à cultiver le bien moral, et aussi dans l'or-

dre intellectuel la vérité et la beauté. Mais cette culture
exige certaines conditions : des loisirs, l'affranchisse-
ment des soins matériels, une éducation habile et pro-
longée, des lectures multipliées, le spectacle de la vie
sous ses diverses faces, la fréquentation d'hommes dis-
tingués, l'action d'un milieu épuré et vivifiant. Or, ces
conditions sont-elles maintenant à la disposition de
tout le monde? Evidemment non. Pour en percevoir
amplement le bénéfice, il faut être né dans certaines
familles et surtout posséder une certaine quantité de
richesses. Ces conditions sont des priviléges entés sur
les principes qui régissent la famille et la propriété,
principes inattaquables, si ce n'est dans toutes leurs applications du moins dans leur essence. Personne n'at-
taque plus de nos jours la constitution de la famille;
chacun veut maintenir l'indivisibilité du mariage et les
liens qui existent entre les parents et leurs enfants; le
débat peut et doit s'élever seulement sur des points se-
condaires. Quant à la propriété, il y aurait lieu peut-
être d'en raffermir les bases doctrinales par une démonstration mieux fondée sur la nature des choses que
la plupart de celles qui ont été mises en avant ; il con-
viendrait aussi de rejeter le caractère absolu attribué
au fait de l'appropriation individuelle, pour le faire
rentrer dans la catégorie des faits ordinaires, et sur
lesquelles nos facultés d'observation et de raisonne-

ment s'exercent en toute liberté. Mais ces discussions théoriques ne sauraient trouver ici leur place, et il suffit de constater que la propriété individuelle est sanctionnée par tous ceux que des passions exaltées ne mettent pas en contradiction avec leurs sentiments intimes.

Les principes de la famille et de la propriété étant réputés légitimes, il est aisé de reconnaître que les bienfaits puisés à cette double source ne peuvent être égaux pour tout le monde. Au moment où la civilisation fit ses premiers pas, les instruments de culture personnelle fournis par la famille et par la propriété étaient à peu près égaux pour chacun, mais en revanche ils étaient presque nuls. Ils ont dû être acquis laborieusement, lentement, successivement, et à chaque étape du progrès, quand on se mit à réfléchir sur soi-même et à faire l'inventaire des acquisitions réalisées, on fut obligé de reconnaître que le produit des travaux de la période écoulée était encore bien faible et que la tâche de l'avenir était infiniment plus grande que celle qui venait d'être accomplie. On était parvenu à faire naître au sein de la société une certaine somme de facultés matérielles et morales; convenait-il de les distribuer également entre tous les membres de la société? Mais une telle répartition eût été inique, elle eût violé ouvertement les principes qui régissent essentiellement la famille et la propriété, et qui exigent

que chacun perçoive le fruit de ses travaux, dispose à
son gré de ce qu'il possède, et soit libre d'obéir à ses
préférences naturelles dans la transmission de ses
biens tant intellectuels que physiques. D'ailleurs quel
eût été l'effet d'une répartition parfaitement égale de
ces divers biens? La plupart n'eussent pu être conser-
vés, leur division les eût anéantis, ainsi qu'un être vi-
vant soumis à la dissection. Les perfectionnements
réalisés dans l'exécution des ouvrages matériels avaient
procuré à la société une certaine quantité de loisirs;
l'économie de temps avait été, par exemple, du cen-
tième : supposez que chaque individu eût été gratifié
d'une part égale d'exemption de travail, qu'en serait-il
résulté? Un bénéfice de sept ou huit minutes par jour-
née, c'est-à-dire quelque chose d'insignifiant et de sté-
rile, qui eût passé inaperçu dans le cours des temps.
Qu'au contraire des loisirs complets aient été accordés
à une personne sur cent, celle-ci aura pu les mettre à
profit pour étudier, se discipliner, se policer, acquérir
un fonds d'instruction et de culture qui aura de la con-
sistance, une valeur effective et une durée certaine. Ce
fonds ne sera pas resté un monopole; c'est le propre
des richesses morales de se communiquer sans s'affai-
blir et de se distribuer sans se diminuer. Elles se ver-
sent nécessairement dans le torrent de la circulation
sociale, et entrent dans le domaine des choses quali-

fiées communes par les jurisconsultes, telles que l'air, la mer, les eaux courantes. Tout le monde sans doute ne pourra pas en jouir également, parce que ces dons gratuits et mis objectivement à la portée de tous ne peuvent devenir des possessions individuelles, que s'ils sont appréhendés et exploités par une capacité subjective et suffisante; mais du moins ils existent, s'offrent constamment et se livreront dès qu'ils trouveront des mains aptes à les saisir.

Les fonds matériels sont plus facilement divisibles que les fonds moraux, toutefois il est un grand nombre de circonstances où ils ne sont efficaces que lorsqu'ils sont concentrés. Le perfectionnement de la plupart des œuvres industrielles suppose la division du travail, la diversité des tâches et leur concours sous la direction d'un chef disposant de capitaux considérables, terrains, bâtiments, machines, véhicules, capitaux de réserve et de roulement. Rarement ce fonds matériel pourra se composer de mises égales, lesquelles d'ailleurs auraient dû être formées sous un régime qui ne serait pas celui de l'égalité des propriétés individuelles. Enfin le directeur de l'entreprise, ses principaux agents et ses correspondants n'ont pu acquérir les connaissances et les talents nécessaires que moyennant des loisirs que procure la fortune.

Une société ne peut se perfectionner simultanément

dans toutes ses parties. De même qu'elle est obligée de jalonner indéfiniment ses progrès sur la route du temps, de même elle est contrainte de réserver la pleine jouissance de ces acquisitions matérielles et morales à un nombre limité de personnes. Ces restrictions, ces priviléges sont imposés par la force même des choses, et l'ami le plus fervent du peuple, le théoricien démocrate le plus avancé ne peut, s'il est observateur judicieux et sincère, ne pas reconnaître que les instruments matériels et moraux de la civilisation seraient anéantis ou stérilisés, s'ils étaient répartis avec une stricte égalité entre tous les membres du corps social.

Il peut sembler au premier abord que, puisqu'il existe une hiérarchie naturelle parmi les hommes, la hiérarchie sociale devrait s'y conformer, la reproduire, suivant la maxime saint-simonienne : à chacun suivant sa capacité et à chaque capacité suivant ses œuvres. Sans doute il y a quelque chose de choquant à voir les contradictions qui apparaissent dans les assignations de l'ordre de la nature et dans celles de l'ordre social. On s'irrite de voir un homme extravagant et un méchant comblés des faveurs de la fortune, et n'user des plus grands avantages que pour en faire litière à sa folie et à ses vices. Mais dans tous les rangs, les organisations perverses sont exceptionnelles, et lorsque l'on considère une classe tout entière, il faut en prendre la valeur moyenne.

En mettant même de côté les recrues incessantes que fait la classe supérieure parmi les plus capables des couches sous-jacentes, on peut affirmer qu'à égalité de nombre il y a dans tous les rangs sociaux, dans ceux qui sont le plus élevés comme dans ceux qui le sont le moins, la même dose de capacité intellectuelle et morale, et qu'il n'y a aucun motif de choisir *à priori* l'un plutôt que l'autre pour lui confier le dépôt de la civilisation. Mais ce choix n'est pas livré à l'arbitraire des hommes, il est déterminé par une loi de notre nature, la loi de l'hérédité, qui, parfois exagérée, peut être aussi passagèrement méconnue et insultée par la passion ou par l'utopie, mais ne tarde pas à être réhabilitée et restaurée par un instinct profondément enraciné dans la constitution même de l'humanité.

D'ailleurs comment, à défaut de la transmission héréditaire, serait-il possible de régler la répartition des avantages sociaux, des instruments de civilisation ? Cette attribution serait remise à l'Etat, à laquelle dans ce temps-ci tout esprit superstitieux et faible suspend comme des *ex-voto* ses désirs et ses espérances. Mais qu'est-ce que l'Etat ? On le suppose doué d'une intelligence et d'une vertu infaillible ; mais comme on ne l'a jamais vu tel, c'est sans doute d'un Etat imaginaire qu'on entend parler. Cet Etat, il faudra le faire descendre un jour du ciel. Autrement, il ne saurait répondre à la tâche qu'on lui impose et à l'attente que l'on en conçoit. Tel qu'il peut être composé avec les éléments terrestres, il se montrera toujours à peu près ce qu'on l'a vu jusqu'à ce moment. Nécessairement incarné dans un petit nombre de nos semblables, et n'agissant que par leurs vues et par leurs impulsions, il sera enclin à la partialité, à l'injustice, au despotisme, à la haine et à la vengeance. Et comme on le suppose investi d'attributions gigantesques et exigeant, pour être exercées, l'emploi d'un pouvoir immense, il ne sera pas plus possible à ses sujets de le soumettre à un contrôle et de lui imposer des barrières qu'à lui-même de tempérer son énivrement et de se contenir dans son exaltation. Alors on verra de ces orgies d'absolutisme comme l'Orient seul nous en a donné des exemples.

Acceptons donc la répartition des avantages sociaux, telle qu'elle a été faite par le cours naturel des choses et dictée par nos propres instincts. Elle est loin d'être parfaite, elle offre même de graves inconvénients, mais toute défectueuse qu'elle est, elle est encore préférable à des systèmes factices, qui blessent nos sentiments les plus profonds, et qui d'ailleurs ne peuvent aboutir qu'à des tentatives violentes et passagères, notre nature devant inévitablement réagir et l'emporter. Acceptons le principe d'une hiérarchie sociale distincte de la hiérarchie originelle, et d'une aristocratie artificielle qui non seulement n'est pas conforme mais est quelquefois contraire à l'aristocratie naturelle. Du reste l'aristocratie artificielle, étant le produit du développement spontané et nécessaire de la société, peut être aussi qualifiée de naturelle, ainsi que toutes les créations de l'art qui sont engendrées par l'activité humaine et qui répondent aux fins qu'elle se propose.

Comme il n'est rien dont les hommes n'abusent, il serait surprenant qu'ils n'eussent pas fait un mauvais usage de la hiérarchie sociale, et qu'ils n'eussent pas tourné en machine d'oppression la supériorité de rang et de fortune qui était purement destinée à conserver, multiplier et perfectionner les instruments de civilisation. Que les abus· commis aient excité des ressentiments, des colères et des révoltes, il n'y a encore là rien d'étonnant. On conçoit aussi que les conséquences mauvaises du principe de hiérarchie n'aient pas été les seules qui fussent attaquées, mais que le principe lui-même ait été en butte à la même hostilité. Lorsqu'on veut avoir quelque prise sur les hommes et tenter de les diriger vers ce qui paraît être le bien, il faut savoir comprendre et admettre les vicissitudes singulières, et les impulsions diverses et opposées auxquelles ils

sont en butte. Les spéculations morales ont pour matières les préjugés, les passions, les emportements, les
excès aussi bien que la raison, la prudence, la sagesse
et la vertu.

Quand, en 1789, l'irritation populaire éclata contre
les abus de la hiérarchie sociale et notamment contre
les priviléges politiques, le principe d'égalité fut pro-
clamé dans les termes les plus impérieux, et aujour-
d'hui encore il serait malséant de l'attaquer de front et
franchement. On s'incline devant cette idole sauf à
s'en moquer par derrière, et on n'a pas plus tôt pro-
noncé la formule d'hommage qu'on la dément dans le
discours ordinaire. Pourquoi cette contradiction ? Est-
ce une habitude tournée en banalité ? Est-ce un reste
de soumission pusillanime envers la puissance populaire qui s'est montrée en d'autres temps si redoutable
et dont on craint sans cesse la résurrection ? Il y a sans
doute de la routine et un peu de lâcheté dans ce respect dénué de sincérité que l'on témoigne au principe
égalitaire ; mais si l'on s'applique à en pénétrer la
cause, on la trouvera surtout dans la légèreté des
esprits qui, nourrissant une rancune profonde pour les
maximes de l'ancien régime et ayant besoin de for-
mules toutes faites pour les leur opposer, vont faire
des emprunts au répertoire révolutionnaire, faute de
pouvoir tirer des idées de leur propre fonds. Jadis on

avait subi passivement et douloureusement une inégalité abusive ; plus tard toute inégalité fut accusée et
proscrite et l'on voulut instituer le dogme d'une égalité absolue et chimérique; aujourd'hui on est revenu
dans les usages de la vie à l'inégalité, mais le mot est
encore décrié, mal famé, et on l'écarte ; on continue
à rendre un hommage verbal à l'égalité, mais les
paroles ne s'accordent ni avec les sentiments ni avec la
conduite, et l'on ne sait ni définir, ni articuler ce
que l'on veut et ce que l'on pense.

Il y a des notions communes mais qui sont enveloppées et confuses , j'ai tâché de les analyser
et de les préciser. De ce travail est sorti une jus-
tification de l'inégalité sociale en même temps qu'une
démonstration de sa nécessité. Mais cette inégalité doit être bien comprise et renfermée dans les
conditions exposées plus haut. Les membres des
classes élevées, les aristocrates, pour les appeler par
leur nom, trouvent dans les priviléges dont ils sont in-
vestis des droits à exercer mais surtout des devoirs à
remplir. Ils s'abusent étrangement, quand ils identi-
fient à leur propre personne et à leur propre race les
avantages externes dont ils sont dotés et les titres de
supériorité qu'ils empruntent à l'éducation et à la fortune. Rien de risible comme cette vanité puérile et
arrogante de certaines gens, qui s'exaltent dans leur

propre opinion et prétendent au respect d'autrui, simplement parce qu'ils appartiennent à telle famille distinguée, possèdent telle quantité d'hectares, commandent à tant de valets et dépensent tous les ans telle grosse somme en prodigalités et en débauches. Ces hommes-là sont les excroissances parasites, les caricatures et les plaies de l'aristocratie ; ils doivent en être repoussés et exclus, et comme leur oisiveté et leur ineptie leur ferment l'entrée des classes laborieuses, ils ne sauraient trouver d'asile que parmi les déclassés.

Les vrais aristocrates sont ceux qui emploient utilement les dons de l'éducation et de la fortune, les instruments de civilisation qui sont remis entre leurs mains, quelle que soit d'ailleurs, cela est bien entendu, la date de la promotion de leurs familles. Ils considèrent les priviléges dont ils sont nantis non comme des biens purement issus et dépendant uniquement de leurs personnes, mais comme des acquisitions qui ont été faites par la société tout entière et dont ils sont constitués les dépositaires, pour les conserver intactes, les augmenter sans cesse et en dispenser les bienfaits au plus grand nombre possible de leurs semblables. Ils ne s'imaginent nullement être d'une autre engeance et d'une autre nature que les membres des classes moins favorisées. Ils reconnaissent qu'il existe un fonds commun d'égalité entre eux et tous les autres hommes, et que cette identité fondamentale les oblige à concevoir aussi bien qu'à professer de l'estime pour tous ceux qui leur sont unis par les liens de la solidarité sociale ; mais en même temps ils ne craignent pas d'avouer les prétentions légitimes qu'ils ont à cette supériorité relative, qu'implique l'accomplissement de leurs devoirs spéciaux. Ils se regardent comme formant l'élite du peuple ; ils se savent peuple par leur origine et par leur nature première, et ils sont loin de répudier ce fondement de leur être ; seulement ils ont conscience de s'être développés, enrichis et perfectionnés spécialement et par privilége. Ne méconnaissant pas ces avantages et ne cherchant pas à les dissimuler par lâcheté, par servilité envers la démocratie ou par basse ambition, ils s'imposent des devoirs correspondant aux droits qu'ils s'attribuent.

Cette manière de comprendre l'aristocratie peut trèsbien se concilier avec le principe démocratique, mais avant de le montrer, je tiens à repousser toute complicité avec cette fausse modération, avec cet éclectisme bâtard, qui n'étudie rien sérieusement, n'approfondit rien, ne résout rien, n'a ni franchise, ni loyauté, ni courage, et consiste simplement à emprunter aux thèses et aux arguments des partis opposés quelques lambeaux qui, rassemblés avec un art plein de ruse et de supercherie, doivent simuler l'accord des opinions adverses, mais ne sont le plus souvent destinés qu'à ménager des intelligences avec les deux camps, dont on use et que l'on trompe tour à tour. Si la vraie modération est pardessus tout estimable dans ses efforts de rechercher le bien et d'accuser le mal partout où ils se trouvent, efforts maintes fois exposés à l'animosité commune des partis contraires, en revanche la fausse modération qui fuit toute contradiction et ne songeant qu'à exploiter tout le monde n'a que des paroles accommodantes et flatteuses, est digne d'un profond mépris, et elle appelle la réprobation de tous les honnêtes gens. Ce n'est point sous les auspices de la fausse mais sous ceux de la vraie modération que peut et doit s'opérer la conciliation de l'aristocratie et de la démocratie. Qu'est-ce que la démocratie, dégagée bien entendu des préjugés et des mauvaises passions, exige en réalité? Que l'égalité fondamentale des hommes et leurs droits à une estime, à des égards et à une assistance de leurs semblables soient reconnus, professés et respectés. L'aristocratie sainement conçue repousse-t-elle ces exigences? En aucune sorte, et elle ne fait aucune difficulté de les admettre; bien plus elle y répond et elle seule est en mesure d'y satisfaire complétement. Combattre l'ignorance et l'égoïsme, rectifier la maladresse et les abus, concevoir un ordre nouveau ou la réforme d'un ordre ancien, agir avec dextérité, sagesse et persévérance sur une multitude d'intelligences et de volontés divergentes, dévoyées et récalcitrantes, c'est là une tâche dont l'accomplissement peut être réclamé par les classes populaires, mais serait difficilement opéré par les hommes qui les composent. Cette tâche requiert des loisirs, des lumières, une expérience, un ascendant personnel, des relations sociales, un art de manier les caractères, une habitude des grands desseins et un talent de conduite qui ne se rencontrent guère que dans les classes supérieures, où sont concentrés les moyens propres à développer ces qualités.

Ainsi l'aristocratie bien comprise s'accorde parfaitement avec la démocratie. Il y a près de quatre siècles, un Genevois, Mayerne Turquet, publia un traité qui avait pour titre *la monarchie aristodémocratique*. Ce dernier mot, bizarre au premier abord, nous paraît excellent pour qualifier le régime que recommande la raison et qui est adapté aux sociétés modernes. L'aristocratie tirée du peuple et vouée à son service pourra très-bien s'appeler l'aristodémocratie, ou d'une façon abrégée et plus euphonique, *l'aristodémie ;* le mot est inusité et sa nouveauté peut lui donner un air étrange, mais sans parler de son origine qui est grecque et par conséquent la plus noble possible, n'y a-t-il pas lieu de penser que, s'il correspond à une idée solide et digne d'intérêt, il fera, ainsi que tant d'autres, son chemin dans le monde et finira par se faire accepter partout. Dans cet espoir j'anticipe sur ses succès futurs, et je vais user de ce terme dans le petit nombre de pages qu'il me reste à écrire.

L'aristodémie présentée au public français se heurtera, il ne faut pas se le dissimuler, à des préjugés opiniâtres. Il est convenu parmi nous que l'on doit s'incliner devant le mot : démocratie. Pour beaucoup c'est une soumission de pure forme, contre laquelle on se réserve de protester dans les entretiens particuliers et surtout par les mœurs et les manières de la vie privée. Pour le plus grand nombre la démocratie est un principe, mais un de ces principes tellement généraux, que la formule seule en est claire et que les applications restent enveloppées dans la vapeur d'un lointain indiscernable. Il n'y a là de distinct que ce que l'amour-propre désigne et met en relief, c'est-à-dire le plaisir d'imaginer qu'on est l'égal de tous et d'abolir au moins dans le discours toute supériorité incommode.

Un sage amendement de la démocratie qui serait en même temps son véritable perfectionnement, la transformation de la démocratie en aristodémie, pourrait satisfaire ceux qui n'adhèrent que du bout des lèvres aux principes vulgairement professés, mais protestent dans le fond de leur cœur et par leur conduite privée, ceux aussi qui, pleins de ressentiment et de méfiance envers l'aristocratie, comprennent mal les théories égalitaires qu'ils ont embrassées, reculent fréquemment devant leurs conséquences, et qui, vexés par les contradictions qu'ils rencontrent dans leurs cerveaux, sont trop enclins à en expulser toute idée qui a un air théorique, à s'abandonner au cours de la destinée et à se livrer au premier pouvoir venu qui leur promet la sécurité. Seulement la conception de l'aristodémie étant fort complexe, ainsi que toutes les théories sociales qui veulent embrasser tous les éléments de leur sujet et être complètes et solides, les esprits même les mieux disposés à s'ouvrir à la vérité auront, pour la bien saisir et la mettre en pratique, à prêter une attention et à déployer une patience, une persévérance et une fermeté qu'il est difficile d'obtenir de notre race française, mobile, légère et promptement découragée.

A côté des partisans que l'aristodémie peut acquérir en faisant appel à leurs propres penchants, elle rencontrera des adversaires de deux sortes, qu'elle sera obligée de combattre et de vaincre, dans l'impuissance où elle sera de les persuader. Ce sont les farouches démocrates et les aristocrates entêtés. Diamétralement contraires les uns aux autres et sans cesse prêts à se dévorer quand des haines communes ne les coalisent

3*

pas, ils se ressemblent par un orgueil immodéré, une passion aveugle et par une irritabilité qui dans ses éclats brise toute raison et toute justice. L'aristocrate infatué s'imagine que ses priviléges sont inhérents à sa personne, qu'il n'en doit de compte à qui que ce soit, qu'il peut en user suivant son bon plaisir, et que les minces sacrifices qu'il veut bien faire et les soins fugitifs qu'il daigne avoir pour ses semblables, sont des actes de pure munificence destinés bien moins à l'acquitter d'un devoir qu'à donner des exemples de sa puissance, à constater la dépendance d'autrui, et à le rehausser dans sa propre estime et dans celle du public. Il est aristocrate de droit divin, il a été pétri d'une pâte plus fine et plus pure que les autres hommes ; il est naturel, il est nécessaire qu'il domine et commande et que les autres s'abaissent devant lui et lui obéissent. Entre lui et les autres hommes il y a différence de nature, et il ne peut exister de droit commun. Ses maximes relèvent d'une théorie qui, s'appuyant sur la subordination naturelle des animaux à l'homme, conclut à une subordination analogue des races de couleur à la race blanche et des classes inférieures aux classes privilégiées. Ne lui dites pas que les priviléges dont il est investi ne sont autre chose que les produits des efforts successifs d'une longue suite de générations qui se sont appliquées à former et accroître le capital matériel et spirituel de la communauté, et qu'ainsi ces priviléges constituent un dépôt dont les détenteurs sont comptables envers les fils de ceux qui ont contribué à le créer. Ne cherchez pas à lui montrer que le capital social, que les instruments de civilisation spécialement confiés aux classes élevées sont l'œuvre du progrès, et qu'ils ne peuvent être que faussés et paralysés, s'ils ne sont incessamment employés à la continuation et au développement du progrès. Ne lui tenez pas ce langage, car il ne le comprendrait pas, et il le rebuterait dédaigneusement, le réputant insensé, factieux et subversif. Il ne connaît qu'une manière d'agir envers les classes inférieures, c'est la compression; et comme il ne saurait l'exercer par lui-même, il charge l'Etat de cette tâche et lui remet dans ce but le pouvoir le plus absolu. Dans son orgueil perverti il se réjouit des violences et des exactions commises par un gouvernement tyrannique, parce qu'il s'identifie avec lui, et croit sa sûreté intéressée aux iniquités qui se commettent. Du reste, ne pensez pas reconnaître tout d'abord les sentiments qui l'animent. Il est dur, mais poli comme le marbre, et la teinture de bon ton dont il est revêtu masque les couleurs aigres et bilieuses de son caractère. Des nuances légères dans l'accent et dans le geste indiquent seules le mépris dont il est pénétré pour l'homme de plume, le pédant, le robin, le bourgeois et les gens de basse condition.

Le démocrate atrabilaire ne possède pas cet art de dissimulation. La crainte seule l'amène à se contenir, et quand il s'y décide, des regards obliques et farouches, des manières contraintes et saccadées, une voix rauque et entrecoupée décèlent le combat intérieur qui se passe en lui. Dégagé de ces entraves, il lève un front audacieux et provoquant, son allure est impétueuse ou son attitude concentrée comme pour se ruer en avant. Il semble voir partout des ennemis imaginaires et entretenir continuellement des hostilités sans objet. L'envie que son cœur distille le jette dans un état de fièvre chronique; sa vue en est offusquée, il ne sait rien discerner clairement, et les choses extérieures lui apparaissent sous l'aspect le plus fantastique. Pour lui tout riche est un être cupide, déloyal, dissolu, inhumain, qui tyrannise et exténue le pauvre, s'engraisse de sa substance et le donne en pâture à ses vices. La violence et la ruse peuvent seules maintenir un régime social sous lequel un petit nombre d'oisifs et de débauchés exploite, pressure et humilie la multitude des travailleurs, des producteurs véritables, des seuls hommes utiles et dignes de rétribution. L'astuce des uns et l'imbécillité des autres rendent encore pour un temps la compression puissante, mais elles ne sauraient jamais la faire légitime, et il suffit que le peuple acquière la conscience de ses droits et qu'il s'ébranle, pour que tout l'édifice qui pèse sur lui s'écroule aussitôt. Il s'agit donc de veiller sans cesse et d'entretenir dans le peuple une fermentation constante, afin d'amener et de hâter le moment de l'explosion et la ruine définitive de l'ennemi.

Les hommes sont ainsi faits qu'il leur suffit de s'attacher à une pensée, pour qu'au bout d'un certain temps elle passe à l'état d'idée fixe, lors même que son objet ne serait pas le but qu'ils se proposent d'atteindre mais seulement un moyen choisi pour y parvenir. Ainsi il y a eu en France et il existe encore beaucoup de démocrates, qui, après avoir songé au combat comme à un moyen de faire triompher leur cause, ont fini par l'aimer pour lui-même et par nourrir sans cesse dans leur esprit des idées de violence et de haine. Ces dispositions sont d'ailleurs entretenues et envenimées par des individus déclassés, qui se soucient fort peu de l'application d'un système quelconque, mais qui cherchent en surexcitant et en adulant bassement les passions populaires à provoquer le renversement d'une hiérarchie sociale où ils n'ont pas trouvé place, et à conquérir au milieu de la subversion les positions lucratives et brillantes dont les ont exclus leur incapacité, leur paresse, leurs désordres ou l'ingratitude du sort. Combien dans les rangs des démagogues n'y a-t-il pas à compter d'outrecuidants déçus, de négociants faillis, de nobles ruinés, de médecins et de légistes sans clientèle, de littérateurs et d'artistes sans vocation! Tous ces déclassés parviennent trop souvent à pallier leurs misères et leurs mensonges et à se dérober aux investigations et à la censure du public, grâce au manque d'organisation de la société, à l'absence d'instruments de discipline morale et aux facilités offertes à une vie clandestine.

Si la fusion de l'aristocratie et de la démocratie, si l'établissement de l'aristodémie n'avait à se défendre que de l'hostilité des aristocrates et des démocrates conformes aux types que je viens de retracer, comme ils sont heureusement en petit nombre, il y aurait lieu d'espérer une prompte conversion de la société aux idées saines et vivifiantes qui lui seraient exposées. Mais les mauvaises passions aristocratiques et démocratiques dont les germes ont été déposés en France par l'ancien régime et par les excès de la révolution ne sont pas confinées dans les partis extrêmes, elles ont pénétré et subsistent dans les rangs moyens, non sans doute en gardant toute leur âcreté, mais en retenant encore une influence dissolvante et pernicieuse. Il convient, il est nécessaire de combattre cette influence à tous les degrés, en tous les temps, en tous les lieux où elle s'exerce. On risquera d'être accusé d'impolitesse, de malignité, de causticité ; mais il faut s'aguérir contre ces clameurs, marcher droit devant soi à la lumière de la vérité, et ne pas se soucier, rire même des vaines récriminations.

C'est de l'action collective de tous que la société attend sa régénération, et chacun doit y contribuer pour sa part, en s'attachant à découvrir les remèdes opportuns et en cherchant à les appliquer en toute circonstance. N'attendez d'aucun système et surtout d'aucun expédient politique notre réorganisation sociale, c'est le contraire qui doit arriver. Ce n'est pas l'Etat qui fait la société, mais la société l'Etat. Malheureusement l'inverse de cette maxime qui a tout le caractère de l'évidence est depuis longtemps considérée en France comme l'expression de la vérité, et à aucune époque il n'a manqué de charlatans ou de visionnaires venant offrir une constitution ou un appareil de police à titre de panacée universelle ; bien plus il s'est toujours rencontré des niais accourant en foule pour accueillir et acclamer ces promesses, dont la vanité se révélait aussitôt que la crédulité avait cessé. Tâchons dorénavant de renverser l'ordre de nos idées, et commençons notre réforme par son principe. Dès que nous aurons réglé convenablement nos mœurs et nos relations sociales, notre reconstitution politique s'opérera facilement et comme spontanément. L'aristodémie, fondée dans la société, revêtira d'elle-même sa forme politique, et le *self government*, purifié de tout élément hétérogène, étendra sur nous son bienfaisant empire.

www.ingramcontent.com/pod-product-compliance
Lightning Source LLC
Chambersburg PA
CBHW051147050726
47594CB00003B/1280